Naiem Ahmadinejadfarsangi

Hellocast Iran

Naiem Ahmadinejadfarsangi

Hellocast Iran

هلوكاست ايرانى

Éditions Muse

Imprint

Cover image: www.ingimage.com

Publisher:
Éditions Muse
is a trademark of
International Book Market Service Ltd., member of OmniScriptum Publishing Group
17 Meldrum Street, Beau Bassin 71504, Mauritius
Printed at: see last page
ISBN: 978-620-2-29788-2

Hellocast Iran

هلوکاست ایرانی

Naiem ahmadinejadfarsangi

Table des matières

Avec l'assassinat de l'héritier autrichien en 1914, la Première Guerre mondiale éclate. La Russie, la France et la Grande-Bretagne ont commencé comme "pays alliés", l'Autriche et l'Allemagne comme "puissances de l'axe", puis les Ottomans, l'Italie et le Japon ont rejoint le groupe et ont étendu le champ de bataille à l'Asie et au Moyen-Orient.

Au début de la Première Guerre mondiale, la situation intérieure en Iran était extrêmement précaire. La situation économique et politique turbulente et l'ingérence illimitée des puissances étrangères ont poussé l'Iran au bord de la faillite. Huit jours après le couronnement d'Ahmed Shah Qajar, la Première Guerre mondiale a éclaté et le Premier ministre iranien Mustafa les Mamelouks a officiellement déclaré la position neutre de l'Iran envers les États ennemis.

Ahmad Shah, le roi impuissant d'Iran, a été couronné à l'âge de 18 ansMalgré la déclaration de neutralité de l'Iran, les forces britanniques et russes hostiles sont entrées dans le pays de différents endroits. Indépendamment des raisons géopolitiques et des ressources vitales de l'Iran qui étaient nécessaires à la poursuite de la guerre, l'une des raisons de cette attaque contre l'Iran est la formation de sentiments en phase avec l'Allemagne par l'intermédiaire d'un fonctionnaire judiciaire, et la Grande-Bretagne craint un coup d'État allemand en Iran. Il a conduit derrière les portes de la capitale. Les forces alliées - la Russie et la Grande-Bretagne - arrivent en Iran Le gouvernement ottoman, sous prétexte de la présence des forces russes en Azerbaïdjan, est entré dans le pays par les frontières du nord-ouest et a reporté la cessation de la violation de la neutralité en raison du retrait de la Russie de l'Azerbaïdjan. Les forces russes étaient présentes dans les villes d'Azerbaïdjan, d'Ardabil, de Qazvin et d'Anzali, et les forces britanniques ont occupé des parties du sud du pays, notamment Bushehr et Bandar Lengeh.

Les forces britanniques sont également entrées à Abadan depuis Bahreïn, avec les forces indiennes sous son commandement, et ont occupé la ville. La principale justification de l'entrée de cette force militaire était la nécessité de protéger les installations d'extraction de pétrole dans la région du Khouzistan. Avec la révolution russe d'octobre 1917, les forces russes se sont retirées d'Iran et la Grande-Bretagne a commencé son plan pour le remplacer en gonflant le danger des Allemands et des Ottomans, et les Britanniques ont donc occupé l'Iran depuis 1917.

Selon Al-Mashreq, le gouvernement central a été confronté, en plus des problèmes politiques, à de nombreuses crises dans la dimension économique, pour diverses raisons, notamment: l'ingérence étrangère, les luttes politiques des factions au pouvoir, l'incompétence et la corruption collective des hommes d'État, la pauvreté et le dénuement publics. Les gens, qui grandissent régulièrement, peuvent maintenir la situation instable actuelle.

Les corps des affamés s'entassaient dans les coins de la ruelle et du marché du bois

Dans le même temps, il y avait une famine en Iran, tuant chaque jour de nombreux enfants, femmes et personnes âgées. Les forces d'occupation britanniques ont acheté et stocké toutes les ressources et les produits agricoles pour répondre aux besoins de l'armée dans leur guerre. Ce qui est étrange, c'est que l'armée britannique a empêché l'importation de denrées alimentaires de Mésopotamie, d'Inde et même des États-Unis vers l'Iran.

Les soldats britanniques ont également provoqué des épidémies de maladies telles que la grippe et le choléra en Iran en raison d'une mauvaise hygiène qui a tué des personnes en raison de la famine et de l'incapacité des gens à résister à la maladie.

Jafar Shahri, l'écrivain et témoin de cette grande famine, a écrit: "Dans cette famine, la moitié de la population de la capitale mourut de faim, et les corps des affamés s'entassèrent dans les coins du quartier et du marché au bois, et il était possible de les enterrer." "Cela ne s'est pas produit. Le prix du blé est passé de 4 tomans à 400 tomans, et de l'orge de moi à 2 tomans à 200 tomans. Les propriétaires et les spéculateurs ne sont toujours pas prêts à les vendre." Dans son journal de la situation à Téhéran, Mirza Khalil Khan Al-Saghafi, un médecin du tribunal, dit que cela montre la profondeur de la tragédie dans la capitale:

«Je traversais l'un des couloirs de Téhéran. J'ai atteint un marché où il y avait un magasin de cuisine. Devant ce magasin, deux femmes se tenaient derrière le mur, l'une d'entre elles une jeune vieille femme et l'autre une jeune femme. La vieille femme, qui avait le visage ouvert et une tasse de boue à la main, a crié et dit:" Monsieur Ayez pitié de moi et de cette malheureuse fille. Achetez un quart de ce pot et donnez-le nous. Cela fait longtemps que personne n'a mangé. »Nous mourons de faim. J'ai dit: quel est le prix d'un quart de la boulangerie pour que je puisse l'acheter pour vous pour son prix? Ils ont dit: Non monsieur, achetez-le et donnez-le nous parce que nous sommes des femmes, le vendeur pourrait sous-estimer le cuisinier et nous nous blesserons. J'ai acheté un quart de pot et l'ai versé dans leur bol. Ils y ont mangé et l'ont fait si vite que je n'avais pas encore fini de penser à leur état, j'ai vu qu'ils avaient fini de cuisiner. J'ai dit: si vous n'êtes pas satisfait, je vous achèterai un autre quart.

Une famine majeure en Iran a forcé les gens à manger des cadavres

Je suis passé de là et j'ai atteint Taqi Khan. Il y avait un magasin de lait et de riz à Taqi Khan Lane. Il y avait un gros lot de lait de riz sur la cuisinière, environ un tiers de celui-ci vendu, et un bol de lait a été placé avec des assiettes vides et quelques cuillères sur la cuisinière. Je marchais au milieu de l'allée et sur le point d'atteindre le magasin quand tout à coup j'ai vu une fille debout devant moi contre un mur et me regardant.

Son regard s'est soudainement tourné vers moi et il est tombé dans la salle de traite. La fille n'avait pas plus de six ou sept ans. Ses vêtements et son tchador étaient déchirés, ses yeux et ses sourcils étaient noirs, et son corps élancé et son visage jaune, qui était presque de la paille, étaient si jolis. Dès qu'il a regardé le riz au lait, une très forte secousse est apparue sur tout son corps, et il a étendu ses mains en me suppliant moi et le magasin de riz au lait, que nous étions sur la même ligne, et nous voulions dire quelque chose aux indications, mais c'était fort. C'était fini, et comme un son incompréhensible comme un gémissement émergea de sa poitrine, il tomba au sol et s'évanouit. Elle a immédiatement ordonné au propriétaire du magasin d'apporter une assiette de lait de riz avec du lait et de la donner à la fille avec quelques cuillères. Au bout d'un moment, il réussit à parler. "Je ne mangerai plus, donnez-moi ce qu'il reste du riz au lait à apporter à ma mère pour qu'elle puisse le manger et qu'elle ne mourra pas de faim comme mon père."

Ahmed Shah était le plus grand conquérant du grain pendant la famine

Pire que toute autre calamité est la participation du Shah et d'un groupe de ses partisans à la thésaurisation des nécessités publiques, ce qui indique l'indifférence et l'indifférence à la pauvreté du peuple au moment de l'occupation étrangère de son pays. En ce moment, Mirza Hasan Khan Mustafa des Mamelouks, avec beaucoup de sérieux et d'efforts, malgré son engagement avec des agents clairs et cachés de Grande-Bretagne et de Russie, avec un plan pour sauver ses citoyens de cette situation turbulente, affronter les spéculateurs et prendre des mesures d'achat équitables. Alimentation générale, en particulier le blé, le riz et l'orge, et sa distribution parmi les citoyens.

Ahmed Shah n'était pas prêt à distribuer le blé stocké à la population malgré la propagation de la famine. Le jeune Ahmed Shah était l'un des principaux explorateurs de céréales, qui a refusé une offre d'achat équitable à son Premier ministre et a stocké de grandes quantités de blé et d'orge dans des entrepôts. En réponse aux offres de son Premier ministre, le roi Qajar a déclaré: "Je ne suis pas prêt à vendre autre chose que le prix actuel".

Pendant la famine, les boulangers et les femmes au foyer utilisaient de l'orge et d'autres céréales au lieu du blé. Shah Qajar ne vendait pas le blé dont les gens avaient besoin pour faire du pain, sauf au prix quotidien. En temps de famine, la forme de tout le monde changeait et les gens n'étaient plus humains. Tout le monde se met à quatre pattes avec les yeux enfoncés, mangeant les racines des arbres et les mauvaises herbes. Tout ce qui était disponible du vivant et de l'inanimé est devenu la nourriture du peuple. Chiens, chats, corbeaux, souris, ânes, etc. Danaho, un officier du renseignement militaire britannique bien connu et représentant politique de ce gouvernement dans l'ouest de l'Iran en 1918 et 1919, a écrit sur la famine dans l'ouest de l'Iran:

Les corps froissés des hommes et des femmes se sont entassés en public. Une poignée d'herbe coupée sur le bord de la route ou des racines coupées dans les champs sont encore visibles, entre leurs doigts froissés; ils voulaient avec cette herbe. Ailleurs, souffrant de faim et de mort, pieds nus Les yeux enfoncés ne ressemblant plus à des humains, il rampait à quatre pattes sur la route devant une voiture venant en sens inverse, sans parler à la trachée: «Il mendiait un morceau de pain.

La famine de 1917 est la plus grande tragédie de l'histoire de l'Iran

La grande famine de l'Iran en 1917-1919 a été plus importante que l'invasion mongole du XIIIe siècle. Il ressort clairement des articles de presse de l'époque qu'au cours de l'été 1917, l'Iran était au bord de la famine et la récolte n'était que de courte durée. Le 18 août 1917, le journal iranien rapportait: "Grâce aux efforts du gouvernement, une grande quantité de céréales est maintenant entrée dans la ville. Hier, le prix d'un kilo d'orge est passé de 35 à 30 tomans". Mais ce fut un soulagement temporaire. L'Iran a écrit le 21 septembre 1917: «La pénurie de céréales provoque la famine dans tout l'Iran.» L'effet de la pénurie de céréales est particulièrement évident à Kashan, et aucune astuce ne pourrait améliorer la situation, car le transport de céréales de Qom ou Sultanabad à Kashan est interdit et un excédent est envoyé Du grain aux villes du nord. "

En raison de l'interdiction du grain de Qom et Sultanabad à Kashan, de nombreuses personnes dans cette ville sont mortes de faim. John Lawrence Caldwell, dans un rapport intitulé «Pauvreté et souffrance en Iran» du 4 octobre 1917, décrit la famine croissante et écrit: Elle s'est tellement répandue que depuis le début de l'hiver, la pauvreté et la souffrance sont généralisées. "Il ne fait aucun doute que la mort et la famine doubleront cet hiver ... Même à cette période de l'année, le prix des denrées alimentaires a atteint son plus haut niveau depuis plusieurs années, et la pénurie de céréales et de fruits est vraiment alarmante."

La faim s'est répandue dans tout l'Iran

Majd écrit dans son livre, se référant aux télégrammes et aux écoles présents, ainsi qu'aux journaux de l'époque, à propos de la propagation de la famine à travers le pays:
À partir de janvier 1918, le couteau atteint l'os. Selon un rapport du journal "Raad" du 11 janvier 1918, "la semaine dernière, selon Nazmeh, 51 personnes sont mortes de faim et de froid dans les rues de Téhéran". Le même article fait référence aux mesures de secours qui ont été

prises pour faire face à la famine à Téhéran: «À la fin du mois de décembre, le Comité central de bienfaisance avait pris les mesures suivantes pour les pauvres de la ville: attribuer au Trust Garden de nombreuses pièces et meubles. Besoins et chauffage pour les pauvres, attribuer un jardin séparé pour les pauvres et les enfants, et loger 1 000 personnes. Fournir un bain pour eux, fournir les vêtements nécessaires, fournir des rations quotidiennes de thé, de soupe et de riz, soigner les malades et prendre soin des femmes enceintes. Un enseignant pour enseigner les sciences religieuses aux enfants. "

"Ces derniers jours, un certain nombre de choléra sont morts dans des bateaux et ailleurs près de la mer Caspienne", a écrit Raad le 20 janvier à propos de la maladie et de la famine. Les corps des victimes de la maladie et de la faim ont été vus dans les coins des villes et des routes le 28 janvier, Raad a écrit à propos de la situation à Qom: «La situation à Qom est malheureuse en termes de nourriture. Au cours de la semaine dernière, plus de 50 personnes sont mortes de faim et de froid, et certaines d'entre elles n'ont pas été enterrées. Pourtant, «certaines personnes n'ont que du sang de mouton pour se nourrir».

"Le gouvernement prévoit d'ouvrir 20 boulangeries pour vendre du pain bon marché aux pauvres, et d'autres boulangers peuvent vendre du pain à n'importe quel prix qu'ils veulent", a écrit le journal dans son numéro du 29 janvier concernant une proposition d'ouvrir des boulangeries publiques à Téhéran. Le 5 février 1918, Raad écrivit à propos du nombre de morts dans les rues de Téhéran: «Le gouverneur de Téhéran a informé le ministère de l'Intérieur qu'au cours des vingt derniers jours, le nombre de décès, notamment dus à la famine à Téhéran, a atteint 520, soit une moyenne de 36 par jour.

Dans un télégramme daté du 22 janvier 1918, Caldwell a déclaré: "Une aide immédiate est nécessaire dans différentes villes. De nombreux décès sont signalés quotidiennement. Dans les provinces où le gouvernement iranien a fixé certains prix, une quantité limitée de blé, de riz et d'autres produits alimentaires peut être achetée.

Les femmes ont fait la queue pendant des jours pour avoir du pain, et beaucoup sont revenues les mains vides et affamées.

Le problème le plus difficile est la mise à disposition d'installations médicales et médicales. L'importation de denrées alimentaires est très difficile, voire impossible. Les prix sont exorbitants, le blé varie de 15 $ à 20 $ le boisseau ... Les gens et les autorités travaillent ensemble, mais le problème dépasse leur seul pouvoir. Les organisations locales dépensent 20 000 dollars par mois à Téhéran, mais ce montant ne répond qu'aux besoins de 10% des nécessiteux de la ville. "La situation est similaire dans d'autres provinces", a-t-il ajouté. Le 1er février 1918, Caldwell a envoyé un télégramme: "Le problème de la famine n'a pas diminué." Dans un autre communiqué de presse, Caldwell fournit quelques nouvelles de la famine à la presse. Le 14 février 1918, le Dr Samuel Jordan, président de l'American College, a écrit dans un télégramme: "Il y a 40 000 pauvres à Téhéran seulement. Les gens mangent des carcasses d'animaux. Les femmes laissent leurs enfants derrière."

taqarir al'abyad waljanub fi 'abril 1918 , safar fransis

wayt , sikritir alsifarat al'amrikiat , min baghdad 'iilaa tahran. wakatab kalduyl: "ana fakhur bi'iirfaq almudhakirat bisikratir alsifarat , walati tahtawi ealaa maelumat jameiha khilal ziaratih min baghdad litahran walati qad takun dhat fayidat lilwizara". yasif wayt aljue ealaa alnahw altaly: yuzhir al'atfal euratan fi jmye 'anha' alturuqat , faqat aljulud waleizam. la yazid qatar siqanihim ean thlath bawsat , wawujuhihim mutawatirat wamutajaeidat mithl wujuh alrijal walnisa' fi althamanin min aleamr. yujad naqs fi kl makan wayataeayan ealaa alnaas 'akl aleashab walbirsim wahataa jame albudhur min rwth altariq lisune alkhubz. fi madinat humdan , kanat hunak edt halat li'ashkhas yakulun lihawm albashar , walays min algharib ruyat mashahid 'atfal wakilab tataqatal ealaa aljuthath 'aw taltaqit alqimamat fi alshawarie. fi rbye eam 1918 , ashtadat almjae. fi 1 maris 1918 , 'ursil kalduil albarqiat altalyt: "alhukumat tstqyl bsbb alwade alsiyasii walmujaea". fi 16 maris 1918 , 'ursil shualr brqytan 'iilaa tsharlz fikri , sikritir lajnat al'iighathat al'amrikiat fi 'iiran , fi niuyurk , qaylaan: "itsatamiru halat altawari. maat almiata. waqad tama tazwid ma yaqrub min 20000 shakhs bialtueam fi tahran , walakun tama taqdim 'aemal al'iighathat 'iilaa waintasharat 'aydaan mashhad wahamdan waqazwin wakarmanshah wasultan abad. fi 17 'abril , 'ursil kalduyl tlghrafana: "lqad aishtada aljue waizdadat alaidtirabat fi shamal gharb 'iiran".

wasaf kalduil hdha alwade almusif lrbie eam 1918 fi risalati. "ela alrghm min aleamal almukathaf aldhy taqum bih lajnat al'iighathat wal'iinqadh , alty tuteum 'akthar min 'alf jayie , yaqul kalduyl: alalaf min alnnas aldhyn la yumkin musaeadatuhum matuu min aljue walmarad , wakhasatan fi tahran wamashhid wahamadanin. tushir almaelumat almawthuqat 'iilaa 'ana albus waljue 'amran faziean lidarajat 'ana miat al'ashkhas qad 'akaluu aleashab walhayawanat alnnafiqat wahyanana 'akaluu lahmi albashar ... aintashar albus hataa fi almudun alsaghirat walaf alquraa fi 'iiran laqad kana. lkn alwusul 'iilaa hadhih al'amakin yakad yakun msthylana bsbb naqs marafiq naql altaeam 'iilaa hadhih almanatiq aljabaliat alnnayiyat walmuqfarati. ybdw 'ana al'iiraniiyn al'asliiyn aetaduu ruyat almawt fi 'abshae suarih , almawt jweaan. wahataa al'ajanib huna 'asbahuu yuqawimunah 'iilaa hadi ma bsbb albus almutafashiyi. wayuqadir shahid eian 'iiraniin fi mudhkaratih 'ana 30 'alf shakhs ela alaql matuu jueaan fi aleam al'awal lilmujaeat fi tahran , waqal 'iina aljuthath tanatharat fi shawarie aleasimati. bial'iidafat 'iilaa dhlk , tama takdis almawtaa fawq bedhm albaed wadifnahum fi maqabir jamaeiatin. haythuma kanat hunak majaeat , bada'at alkulira waltayfuyiyd.

En avril 1918, Francis White, le secrétaire de l'ambassade américaine, s'est rendu de Bagdad à Téhéran. Caldwell a écrit: "Je suis fier de joindre la note au secrétaire de l'ambassade, qui contient des informations recueillies lors de sa visite de Bagdad à Téhéran qui pourraient être utiles au ministère." White décrit la faim comme ceci: Les enfants sont montrés nus partout sur les routes, seulement la peau et les os. Leurs jambes ne mesurent pas plus de trois pouces de diamètre et leurs visages sont tendus et plissés comme ceux des hommes et des femmes de 80 ans. Il y a une pénurie partout et les gens doivent manger de l'herbe, de la luzerne et même récolter des graines de bouse de route pour faire du pain. À Hamadan, il y a eu plusieurs cas de personnes mangeant des cannibales, et il n'est pas surprenant de voir des scènes d'enfants et de chiens se disputant des cadavres ou ramassant des ordures dans les rues.

Au printemps 1918, la famine s'intensifie. Le 1er mars 1918, Caldwell a envoyé le télégramme suivant: "Le gouvernement démissionne en raison de la situation politique et de la famine." Le 16 mars 1918, Schuller a envoyé un télégramme à Charles Vickery, secrétaire de l'American Relief Committee en Iran, à New York, disant: «L'état d'urgence se poursuit. Des centaines de personnes sont mortes. Près de 20

000 personnes ont reçu de la nourriture à Téhéran, mais des secours ont été fournis à Mashhad, Hamadan, Qazvin, Kermanshah et Sultanabad se sont également répandus. Le 17 avril, Caldwell a envoyé un télégramme: «La faim s'est intensifiée et les troubles ont augmenté dans le nord-ouest de l'Iran.» Caldwell a décrit dans une lettre cette situation malheureuse du printemps 1918. Relief and Rescue, qui nourrit plus d'un millier de personnes affamées, dit Caldwell:

Des milliers de personnes qui n'ont pu être aidées sont mortes de faim et de maladie, en particulier à Téhéran, Mashhad et Hamadan. Des informations fiables indiquent que la misère et la faim sont si terribles que des centaines de personnes ont mangé de l'herbe, des animaux morts et parfois de la chair humaine ... La misère s'est répandue même dans les petites villes et des milliers de villages en Iran.

Mais atteindre ces endroits est presque impossible en raison du manque d'installations pour transporter la nourriture vers ces régions montagneuses reculées et désertes. Il semble que les Iraniens d'origine voyaient la mort sous sa pire forme, la famine. Même les étrangers y résistent quelque peu en raison de la misère rampante.

Un témoin oculaire iranien estime dans ses mémoires qu'au moins 30 000 personnes sont mortes de faim au cours de la première année de la famine à Téhéran, et a déclaré que des corps étaient jonchés dans les rues de la capitale. De plus, les morts étaient empilés les uns sur les autres et enterrés dans des fosses communes. Partout où il y avait la famine, le choléra et la typhoïde ont commencé.

sukkan 'iiran eam 1914 balnsbt lilmaswuwlin

al'amrikiiyn aladhin eashuu fi 'iiran fi alsanawat alty sabaqat alharb alealamiat al'uwlaa , fa'iina aljuhud aldhakiyat lilruws walbritaniiyn liltaqlil min shan sukkan 'iiran waltaqlil min shanihim malmusat tmamana. kutib dibaliu murjan shustir , almudir aleama al'amrikiu lilmaliat al'iiraniat , ean sukkan 'iiran fi 'awayil alqarn aleishrin:

"'iinahum yuqadimun 'iihsayiyatan ghyr daqiqat bishakl ghurayb ean sukkan 'iiran: ybdw 'ana ma yusamaa bialtaedad alsukkanii qabl sitiyn eamana hu 'asas al'arqam almunkhafidat almuqadamat fi bed alkutub , wal'ajanib mithlh. sahih 'anah lm yatima 'iijra' 'ayi 'iihsa' mundh dhlk alhayn. wayaqdir al'uwrubiyuwn almutlaeawn ealaa alwade 'an 'iijmalia eadad alsukkan yatarawah bayn 13 w 15 mlywnana. waqad namaa eadad sukkan tahran min 100 'alf 'iilaa 350 alfana khilal al'arbaein eamana almady. bifadl natayij aintikhabat tahran fi kharif eam 1917 , tama jame ma yaqrub min 75000 sawt fi tahran walquraa almujawirati. wabhsb sahifat 'iiran , hasal alnuwwab almuntakhabun al 12 ealaa akthr min 55 'alf sawt. bialnazar 'iilaa 'ana alrijal aldhyn yubalighun min aleumr 21 eamana wama fawq ladayhim alhaqu fi altaswit , wabialnazar 'iilaa mtwst eadad alsukkan likuli 'usrat hwaly stt , ymkn 'an yakun eadad sukkan tahran wadawahiha fi eam 1917 bshwlt 500000 , wahu ma yatawafaq mae shustir. bial'iidafat 'iilaa dhlk , fa'iin taqdir shustir lieadad sukkan 'iiran bihwali 13 'iilaa 15 mlywnana fi eam 1900 yatawafaq mae taqdir rasil albaligh 20 mlywnana fi eam 1914. ealaa sabil almithal , fi taqrir ean alealaqat bayn 'iiran warusia fi 11 adhar (mars) 1914 , kutib alqisi rasl: 'iiran bihajm 'usturalia wa'almania wafaransa , wayablugh eadad sukkaniha hawalay 20 milyun nasmatin. fi taqrir bitarikh 14 haziran (ywnyw) 1914 , yafhis rasil nisbat almusharakat alhayilat fi alaintikhabat albarlamaniat al'iiraniat wayushir 'iilaa "ahamiat alnidal althawrii lieishrin milyun ari fi 'iiran". baynama fi eam 1917 kan eadad sukkan tahran ma la yaqil ean 400000 'iilaa 500000 nasamat bna'an ealaa al'aswat alaintikhabiat , fi eam 1924 , qadr rubirt dabliu 'iimbari , nayib alqunsul al'amrikii , eadad sukkan tahran b 150.000 'iilaa 200.000 nisamat.

Pour les responsables américains qui ont vécu en Iran dans les années précédant la Première Guerre mondiale, les efforts intelligents des Russes et des Britanniques pour minimiser et rabaisser la population iranienne sont palpables.

W. Morgan Schuster, directeur général américain des finances iraniennes, a écrit sur la population iranienne au début du XXe siècle: "Ils présentent une statistique étrangement inexacte sur la population iranienne: le soi-disant recensement d'il y a soixante ans semble être à la base des faibles chiffres présentés dans certains livres, et les étrangers l'apprécient. Il est vrai qu'aucun recensement n'a été effectué depuis. Les Européens familiers avec la situation estiment que La population totale varie entre 13 et 15 millions d'habitants et la population de Téhéran est passée de 100 000 à 350 000 au cours des quarante dernières années. Grâce aux résultats des élections de Téhéran à l'automne 1917, environ 75 000 votes ont été recueillis à Téhéran et dans les villages voisins. Selon le journal iranien, les 12 élus ont recueilli plus de 55 000 voix. Étant donné que les hommes de 21 ans et plus ont le droit de vote et que la population moyenne par ménage est d'environ six, la population de Téhéran et de sa banlieue en 1917 aurait facilement pu être de 500 000 habitants, ce qui correspond à Schuster. En outre, l'estimation de Schuster de la population iranienne d'environ 13 à 15 millions en 1900 correspond à l'estimation de Russell de 20 millions en 1914.

Par exemple, dans un rapport sur les relations entre l'Iran et la Russie le 11 mars 1914, le pasteur Russell a écrit: L'Iran a la taille de l'Australie, de l'Allemagne et de la France et compte une population d'environ 20 millions d'habitants. Dans un rapport daté du 14 juin 1914, Russell examine la participation massive aux élections parlementaires iraniennes et note «l'importance de la lutte révolutionnaire de vingt millions d'Aryens en Iran».

Alors qu'en 1917, Téhéran comptait au moins 400 000 à 500 000 habitants sur la base des votes électoraux, en 1924, Robert W. Embry, le vice-consul américain, estimait la population de Téhéran à 150 000 à 200 000 habitants.

Le début de la Seconde Guerre mondiale, l'occupation de l'Iran et l'émergence de la crise céréalière

Le 2 septembre 1939, un jour après le déclenchement de la Seconde Guerre mondiale, l'invasion de la Pologne par l'armée hitlérienne et la déclaration de guerre de la Grande-Bretagne et de la France à l'Allemagne, le gouvernement iranien a publié une déclaration officielle signée par le Premier ministre de l'époque, Mahmoud Jam: «Lorsque la vague de guerre a éclaté, malheureusement, en Europe, le gouvernement impérial iranien annonce au public à travers cette déclaration qu'il restera neutre dans cette campagne et maintiendra sa neutralité. "

Plus tard, Reza Shah a également confirmé cette politique lors de la cérémonie d'ouverture de la 12e session de l'Assemblée nationale. L'Iran a poursuivi une telle politique pendant la Première Guerre mondiale, mais les gouvernements britannique et russe l'ont ignorée et ont occupé le territoire iranien.

Si l'Iran était loin du théâtre de la guerre jusqu'en septembre 1931, il n'était pas à l'abri de ses effets, notamment sur le plan économique. L'Iran entretenait des relations économiques et commerciales étendues avec l'Allemagne, qui a été durement touchée par le déclenchement de la guerre, la fermeture des voies maritimes allemandes et la prise de contrôle de certaines d'entre elles par la marine britannique. Les différends commerciaux entre l'Iran et l'Union soviétique ont également empêché le transit de marchandises iraniennes et allemandes à travers ce pays. Au final, avec la médiation de l'Allemagne, de l'Iran et de l'Union soviétique, le commerce entre l'Iran, l'Allemagne, l'Iran et l'Union soviétique a prospéré avec la signature d'accords commerciaux.

Entre septembre 1318 et septembre 1320, l'Iran a réussi à maintenir sa neutralité, car pendant cette période, la guerre était souvent menée sur le sol européen. Malgré cela, le gouvernement iranien a toujours été dans un état d'anxiété et de peur de la collusion entre les États hostiles et rivaux à propos de l'Iran. Le gouvernement iranien craignait que l'Iran, comme la Première Guerre mondiale, ne soit occupé par des armées étrangères. Bien que l'Union soviétique - un pays qui n'a pas systématiquement refusé à l'Iran sa politique expansionniste et agressive - n'est entrée en guerre qu'en juin 1941, la collusion de Staline avec Hitler, la signature d'accords bilatéraux secrets et des réunions secrètes entre responsables ont accru les craintes des dirigeants iraniens à l'égard de son voisin du nord. . La crainte que les Britanniques ont également semée d'éloigner le gouvernement iranien des ennemis et des ennemis britanniques. Le renversement d'Ahmed Metin Daftary, le Premier ministre pro-allemand, le 25 juillet 1919, et l'arrivée au pouvoir d'un gouvernement dirigé par Ali Mansour, qui voulait une politique de neutralité, ainsi que des mesures de défense iraniennes dans le nord, et une demande d'achat d'avions de guerre à la Grande-Bretagne. C'est une invasion soviétique ou allemande de l'Iran. Surtout après l'éviction de Matin Daftary, les attaques de propagande nazie contre le gouvernement iranien et les rumeurs de collusion entre Staline et Hitler sur l'Iran se sont répandues. Néanmoins, les relations commerciales de l'Iran se sont poursuivies avec l'Union soviétique et l'Allemagne.

Dans les derniers mois de 1940, l'Allemagne a cherché à détourner l'attention soviétique de l'Europe de l'Est et des Balkans vers les terres au sud de la mer Caspienne. Avec cette politique, Hitler espérait opposer l'Union soviétique à la Grande-Bretagne. Le refus des Russes d'accepter l'offre et une invasion aérienne allemande ratée de la Grande-Bretagne ont forcé les nazis à envahir l'Allemagne le 22 juin 1941, en violation du pacte de non-agression germano-soviétique. L'Armée rouge a été surprise et a subi de lourdes défaites. Les Allemands voulaient briser la résistance russe en capturant Moscou et

Leningrad, et en capturant le Caucase et l'Iran, ils ont également capturé le golfe Persique et l'Inde et ont porté un coup dur à l'Empire britannique.

L'invasion allemande de l'Union soviétique a ouvert un nouveau chapitre de l'histoire de la Seconde Guerre mondiale, soulignant plus que jamais l'importance stratégique de l'Iran pour les gouvernements hostiles. Après cela, notre pays est devenu un lien important et vital entre les puissances alliées.

La Grande-Bretagne était satisfaite du retrait soviétique pour deux raisons. Premièrement, le pays a rejoint par inadvertance les Alliés et a formé un front majeur contre les nazis. D'un autre côté, l'implication soviétique dans la guerre a causé d'énormes pertes financières et humaines au pays, modifiant l'équilibre des pouvoirs dans la période d'après-guerre aux dépens des Russes. À cette fin, la Grande-Bretagne a cherché à changer l'issue de la guerre en faveur des Alliés, avec un soutien financier et logistique important pour l'Union soviétique, comme cela s'était produit pendant la Première Guerre mondiale. Le moyen le plus approprié et le plus souhaitable d'envoyer une aide militaire et logistique à l'Union soviétique était via l'Iran. Après l'invasion allemande des terres soviétiques, le gouvernement iranien a réaffirmé sa neutralité pendant la Seconde Guerre mondiale, en particulier la guerre germano-soviétique, le 26 juillet 1941; Mais la Grande-Bretagne et l'Union soviétique, sans égard à la neutralité et à l'indépendance de l'Iran, se sont entendues et ont décidé d'occuper notre patrie. Sous prétexte de la présence d'un certain nombre de spécialistes allemands en Iran, les deux pays les ont accusés de jouer le rôle du cinquième pilier de l'armée nazie. Après cela, les deux gouvernements ont publié, en pleine coordination, plusieurs déclarations du même contenu, appelant à l'expulsion des Allemands d'Iran. La réticence du gouvernement iranien à prendre des excuses aux Alliés a conduit à une réalisation plus rapide de leur souhait ultime; Par conséquent, à l'aube du 3 septembre 1320, les forces soviétiques du nord et les forces britanniques de l'ouest et du sud ont envahi l'Iran par voie terrestre, aérienne et maritime. L'Iran était si stratégiquement important dans la politique étrangère soviétique que malgré la lourde invasion de ce pays par Hitler, les Russes ont envoyé plusieurs milliers de soldats en Iran pour suivre le rythme de la Grande-Bretagne.

Bien que le gouvernement iranien, depuis le début de la Seconde Guerre mondiale, ait considéré l'invasion des armées étrangères comme une possibilité, mais depuis que l'Union soviétique est entrée en guerre, cette possibilité s'est accrue de jour en jour, cependant, l'armée iranienne n'a montré aucun signe de préparation à l'invasion alliée de notre pays. Ce n'était pas en soi. L'armée dans laquelle Reza Shah avait lourdement investi pendant son règne n'a pas montré la moindre résistance et s'est rapidement désintégrée. Il y a eu peu de résistance de la part des unités navales dans le golfe Persique et les forces d'occupation ont occupé les terres iraniennes au moindre coût.

Le 29 septembre, les puissances occupantes ont affirmé, dans des mémorandums conjoints au gouvernement iranien, qu'elles n'avaient aucun plan contre l'indépendance et l'intégrité territoriale de l'Iran, et n'ont recouru à la force que parce que le gouvernement iranien a ignoré sa proposition d'expulser les citoyens allemands. Après avoir remis les notes séparément au gouvernement iranien, il a exigé que les deux pays retirent les forces iraniennes de zones spécifiques dans le nord et l'ouest du pays, expulsent les citoyens allemands et empêchent l'entrée en Allemagne.

Plus important encore, ils ont appelé le gouvernement iranien à s'engager à ne pas imposer d'obstacles au transfert de biens militaires et civils de son territoire vers l'Union soviétique et à fournir les installations nécessaires à cette fin. En échange, la Grande-Bretagne et l'Union soviétique se sont engagées à arrêter l'avancée de leurs forces, à fournir à l'Iran les biens dont il avait besoin, à payer les salaires de l'Iran associés au pétrole, etc. À la fin du mémorandum, le gouvernement soviétique a appelé l'Iran à coopérer avec ses entreprises pour développer des champs pétrolifères à Khryan Khuryan et développer la richesse halieutique. En acceptant les termes de ce mémorandum, le gouvernement iranien a rappelé au gouvernement soviétique qu'il n'y avait aucune mention des buveurs de pétrole dans le traité entre les deux pays.

Le 5 septembre, le gouvernement britannique a soumis un autre mémorandum à l'Iran appelant à la remise des ressortissants allemands aux missions politiques britannique et soviétique à Téhéran et à la fermeture des ambassades dans les pays de l'Axe. Bien que le gouvernement iranien ait finalement accepté la faiblesse et l'insulte de ces demandes, les forces d'occupation russes et britanniques ont exécuté leur menace et occupé Téhéran. En conséquence, Reza Shah a été contraint de démissionner en faveur de son fils, Muhammad Reza. Muhammad Ali Foroughi, qui occupait le poste de Premier ministre depuis l'occupation de l'Iran, a joué un rôle important dans le transfert du pouvoir.

Afin d'officialiser et de légaliser l'occupation et de faire bon usage des ressources, des installations et de la position de l'Iran dans la guerre, les gouvernements d'occupation ont proposé une alliance tripartite.

Avec l'approbation de Froghi, cette proposition a été signée par les représentants des trois pays Iran, Angleterre et Union soviétique le 30 février 2012.

Dans le troisième chapitre du traité, la Grande-Bretagne et l'Union soviétique se sont engagées à défendre l'Iran contre l'agression allemande ou contre tout autre pays, et en retour, l'Iran s'est engagé à coopérer de toutes les manières possibles avec les gouvernements alliés pour transférer des forces et des biens de son territoire en accordant le droit. Illimité pour fournir aux alliés tous les moyens de communication iraniens tels que les autoroutes, les chemins de fer, les rivières, les ports, les aéroports, les oléoducs, le téléphone, le télégraphe et les installations sans fil. En outre, le gouvernement iranien a fourni la main-d'œuvre et le matériel dont les gouvernements occupants avaient besoin dans le secteur des transports et imposé toute censure dont ils avaient besoin aux médias. Au quatrième trimestre, la Grande-Bretagne et l'Union soviétique ont été autorisées à maintenir les forces dont elles avaient besoin sur le sol iranien; Bien qu'il soit indiqué dans ce paragraphe que l'emplacement de ces forces doit être approuvé par le gouvernement iranien et que les forces d'occupation ne doivent pas perturber les administrations, les forces de sécurité, la vie économique, le maintien de l'ordre public et les mouvements normaux du peuple iranien; Dans la pratique, cependant, les occupants n'ont rempli aucune de leurs obligations. Le point positif de ce cinquième traité était qu'il obligeait les Britanniques et les Soviétiques à retirer leurs forces d'Iran au plus tard six mois après la fin de la guerre. Au chapitre sept, les gouvernements alliés ont accepté de compenser les problèmes et les difficultés résultant de la guerre contre la vie économique de la nation iranienne.

L'incapacité technique et financière de la Grande-Bretagne à livrer rapidement des marchandises et des fournitures à l'Union soviétique a incité la Grande-Bretagne, à la fin de 1942, à inviter les États-Unis, qui venaient d'entrer en guerre au nom des Alliés. Le président Roosevelt a accepté cette demande, à la suite de laquelle les Américains ont rejoint les occupants iraniens et, en 1943, environ 30 000 soldats et techniciens américains sont partis pour notre pays sans le consentement du gouvernement iranien.

Le gouvernement américain n'a même pas répondu à la note de protestation iranienne et n'a pas accepté l'offre de rejoindre la Triple Alliance. Les occupants américains en Iran ont été appelés "Mission de l'Iran", suivi de "Diriger le service du golfe Persique" et "Commandant le golfe Persique". Il a administré les chemins de fer, transporté des marchandises et des munitions du golfe Persique à Téhéran et a multiplié par dix la capacité de transport des chemins de fer nationaux iraniens. Entre 1941 et 1945, les Alliés ont déchargé plus de huit millions de tonnes de marchandises destinées à l'Union soviétique dans les ports iraniens du golfe Persique. En outre, de grandes quantités de marchandises ont été envoyées en Union soviétique depuis l'Inde par voie terrestre de Zahedan à Mashhad. En outre, les expéditions de produits pétroliers de l'intérieur de l'Iran vers l'Union soviétique devraient être ajoutées. Les gouvernements occupants ont payé de faibles loyers à l'Iran. À la fin de la guerre, la nation iranienne a été confrontée à un système de transport en ruine et à une dette de 14 millions de dollars de la Grande-Bretagne pour l'équipement utilisé sur les chemins de fer iraniens. Les États-Unis et la Grande-Bretagne n'étaient pas satisfaits de cela et ont emporté avec eux une partie de l'équipement qu'ils avaient amené en Iran pour exploiter les chemins de fer à la fin de la guerre.

Références

1- Abdul-Ridha Hoshink Mahdavi, Histoire des relations extérieures de l'Iran, Téhéran, Amir Kabir, 1985, p. 345.

2- Pour plus d'informations, voir: Southern Iran Police, Munira Al-Razi, Revolutionary Islamic Documentation Center, Téhéran, 2002.

3- Gloire. Muhammad Ghuli, The Great Famine, traduit par Muhammad Karimi, Institut d'études et de recherches politiques, Téhéran, 2007.

4- Majd, Ex, pages 15-17.

5- Ibid., P. 18.

6- Ibid., P. 20-19.

7-Ibid, 21.

8-Hoshink Mahdawi, même page 360.

9- Ibid, p. 9-368

10- Pour en savoir plus, veuillez consulter: Histoire des relations politiques entre l'Iran et la Grande-Bretagne, Ali Asghar Zarqar, traduit par Café Bayat, Parveen et Moein, Téhéran, 1993; Pp. 59 et suivantes.

MIX
Papier aus verantwortungsvollen Quellen
Paper from responsible sources
FSC® C105338

Printed by Books on Demand GmbH, Norderstedt / Germany